STATUTS

ET

REGLEMENS

En faveur des Marchands Merciers , Ciriers , Graissiers ,
Epiciers & Droguistes de la Ville de Saint-Quentin.

A SAINT-QUENTIN;

Chez P. BOSCHER , Imprimeur-Libraire ruë des Toiles.

M. DCC. XXX.

A MESSIEURS
LES MAYEUR ET ECHEVINS
DE LA VILLE DE SAINT-QUENTIN.

Uplient & Vous remontrent humblement les Marchands Merciers, Epiciers, Ciriers, Graiffiers & Droguiftes de ladite Ville, que n'ayant jamais été bien reglés dans leurs Arts, ils defireroient de fe conformer aux Statuts de la Ville d'Amiens Capîtale de nôtre Province, dont ils auroient fait atacher & joindre la Copie à la prefente Requête :

Laquelle il Vous plaife, MESSIEURS, Enteriner, & ordonner que lefdits Statuts feront obfervés & executés à l'avenir par eux, felon leur forme & teneur, & aux charges, conditions & peines y énoncées, A quoy lefdits Suplians aquiefcent & donnent les mains, & pour plus grande affûrance faire Enregiftrer lefdits Statuts dans le Regiftre de ladite Ville, & qu'il fera permis de les lever, & faire Enregiftrer & Homologuer à la Cour & par tout où befoin fera : Ce faifant, vous obligerez lefdits Suplians à prier Dieu pour vos profperités & fantés.

H. DEMETS. L. ALLART. J. DESLANDE. P. TABARY. J. DUPONT. J. GALLONDE. V. FONTAINES. Q. DEPARPE. J. GODART. F. FOURQUIN. A. POULET. Q. HUART. C. DENELLE. J. REGNIER. N. CORNEVAUX. A. JORAND. M. VIGNON. J. SPROCQ. & R. MARGERIN.

ARTICLE I.

Que nul Ouvrage de Cierges ne foit fait & vendu, fi l'on ne pefe le poids de la Cire nettement, fans Lumignon, à peine de confifcation & de foixante fols pour les Egards.

I I.

Item., Que l'Ouvrage de Torches fe fera de pure Cire bonne & loyale, & feront les Torches fervant aux Corps & Communautés remplies de Cire jufqu'à la moitié du bâton, fur peine de foixante fols d'amende pour les Egargds.

I I I.

Item, Qu'à ladite Cire il n'y ait que d'une feule Cire, telle deffous que deffus, fans y mettre aucune mauvaife Cire, fur ladite peine de foixante fols pour les Egards.

I V.

Item, Qu'audit Ouvrage il n'y ait Poix raifine, ni autres drogues melées en ladite Cire, fur peine d'être ardé & brûlé devant la maifon, & à l'amende à la volonté de la Juftice, exceptés les Bougies & Flambeaux qui ne fe tirent à la main, car ils ne pouroient fe faire fans aucunes liqueurs, comme Poix raifine ou Graiffe, parce que la Cire eft trop feiche.

V.

Item, Qu'en l'Ouvrage de Bougies il ne fe mette que pur fil de Guibray fans Etoupe & Lumignon, & il fe peut pefer ainfi qu'il eft avec la mêche, fur ladite amende de foixante fols pour les Egards.

V I.

Item, Que tous Ouvrages de Cire que ce foit Cierges, foient marqués du poids de la Cire qui eft dedans le pied du Cierge appointé, comme, un Cierge d'une livre, un point; de deux livres, deux points; trois livres, trois points; même de marquer tous lefdits Cierges en diminuant jufques à un on-

ce ; & à faute qu'ils ne foient marqués, feront les défaillans condamnés en pareille amende de foixante fols pour les Egards.

V I I.

Item., Que nul ne vende Chandelles de Cire par la Ville
qu'elles ne foient toutes de Cire à Lumignon delié, comme il
apartient audit Ouvrage, fur peine de ladite amende de foixante fols pour les Egards.

V I I I.

Item, Que nul ne vende aucunes Dragées qu'elles ne foient
faites de Sucre pur ; & s'il fe trouve qu'il y ait de l'Amidon
melé dans ledit Sucre, lefdites Dragées feront confifquées, &
feront les défaillans condamnés en foixante fols d'amende pour
les Egards.

I X.

Item, Que nul ne pourra vendre aucun Suif à faire Chandelles, qu'il ne foit bon, loyal & marchand, & vifité par deux
Egards, fur peine de foixante fols d'amende pour lefdits Egards.

X.

Item, Que nul ne pourra vendre Chandelles de Suif, qu'-
elles ne foient telles deffous que deffus, bonnes & loyales,
fans aucunes fournies ni couvertures, fur peine de ladite amende de foixante fols pour les Egards.

X I.

Item, Que nul ne pourra vendre Gingembre batu, ni Poi-
vre, Mufcade, Cloux de Giroffle, Saffran, & toutes autres
efpeces, qu'elles ne foient pures, bonnes & loyales ; & s'il
s'en trouve quelqu'unes defdites efpeces melées, les défaillans
feront condamnés en foixante fols d'amende, & lefdites efpeces confifquées pour les Egards.

X I I.

Item, Que tous les Maîtres qui voudront prendre Aprentifs, feront tenus les faire enregiftrer au Greffe de l'Hôtel Commune de la Ville, huit jours après qu'ils feront dans leurs maifons, à peine de foixante fols d'amende pour les Egards, & lefquels Maîtres ne pourront prendre les Aprentifs moins que pour trois ans de tems confecutifs, à quoy ils les engageront, & de leur rendre fervice pendant lefdits trois ans entiers, & qu'ils ne foient de la Religion Catholique, Apoftolique & Romaine: Payeront les Aprentifs aux Egards, pour être prefens à leur Enregiftrement, foixante fols.

XIII.

Item, Que chacun defdits Maîtres dudit Etat ne pourra prendre & tenir qu'un feul Aprentif; & fi quelqu'un en retenoit deux, il fera tenu d'en renvoyer un; & pour être contrevenu au prefent Article, il fera condamné en foixante fols d'amende au profit des Egards.

XIV.

Item, Que les Maîtres dudit Etat ne pourront prendre à leur fervice aucun Garçon dudit Métier, foit qu'il ait fait Aprentiffage en cette Ville, à Paris ou ailleurs, qu'il n'ait payé pour la decoration de la Chapelle dudit Métier, foixante fols pour une feule fois aux Egards.

XV.

Item, Que nul ne pourra être reçû Maître dudit Etat, qu'il n'ait fait & accompli fon Aprentiffage pendant l'efpace de trois ans entiers & confecutifs, fous un même Maître en cettedite Ville.

XVI.

Item, Que les Fils de Maîtres dudit Etat & Métier de Merciers, Ciriers, Graiffiers & Droguiftes, quand ils voudront paffer Maîtres dudit Etat, pourront être reçûs fans charge, ni être tenus de faire aucun Chef-d'œuvre; & ils payeront feulement les Droits dûs aux Egards, tels qu'il eſt dit cy-après dans l'Article ſuivant ; & qu'ils donneront trois Seaux d'oziere poiſſez à la Ville & trois à leur Corps de Métier.

XVII.

Item, Que tous ceux qui ne ſont pas Fils de Maîtres, qui auront fait leur Aprentiſſage, & qui voudront être reçûs Maîtres audit Etat, feront tenus de faire voir aux Egards l'Acte de leur Enregiſtrement d'Aprentiſſage, pour connoî- tre comme ils auront fait & achevé leur tems de trois ans d'Aprentiſſage, & les avertiront huit jours auparavant qu'ils voudront paſſer Maîtres, pour prendre un jour à faire leurs Chef-d'œuvres, leſquels ils feront tenus de faire en la pre- ſence des Egards en charge & des autres anciens Egards, pour empêcher qu'il ne ſe commete aucun abus : Et aupa- ravant que ſe faire recevoir Maîtres, ils feront tenus de payer pour la Confrairie & la decoration de la Chapelle dudit Métier, chacun Aſpirant la ſomme de quinze livres, donneront trois Seaux d'oſiere poiſſez à la Ville & trois au Corps de Métier ; & pour l'aſſiſtance de chacun des Egards en charge, chacun ſoixante ſols.

XVIII.

Item, Que tous ceux qui voudront être reçûs Maîtres dudit Etat, feront tenus de ſouffrir l'Examen ſur le fait des Drogues ſervant au corps humain, comme auſſi de faire un Cierge du poids d'une demie livre, pour Chef-d'œuvre, en preſence des Egards en charge & des anciens Egards dudit Métier, & lequel Cierge demeurera au profit de la Chapelle.

XIX.

Item, Que les Egards en charge, lorſqu'il ſe preſentera quelqu'un pour paſſer Maître, feront tenus de faire avertir tous les anciens Egards dudit Corps, quatre jour auparavant

8.

là recette de l'Afpirant; & ne pourront les Egards en charge recevoir ni admettre aucun Afpirant à la Maîtrife, fans y avoir appellé lefdits Egards anciens, pour être prefens à fon Chef-d'œuvre & Examen, à peine pour l'Afpirant de nullité de ladite reception de Maîtrife, & de dix livres d'amende fur chacun Egard contrevenant, apliquables pour la Chapelle dudit Etat.

X X.

Item, Que les Egards ne pourront recevoir ni admettre aucun Maître audit Etat, quoique pourvû de Lettres du Roy, attendu que ledit Corps en eft exempt, fuivant les Arrêts de verification defdites Lettres de Maîtrife & comme il eft contenu dans l'Article dix-fept des Brefs & Statuts dudit Mêtier de la Ville de Paris.

X X I.

Item, Que nul Maître dudit Métier ne pourra refufer, s'il lui eft requis, d'être Egard, quand il aura été élû & nommé à la pluralité des voix par les Egards en charge, conjointement avec les autres anciens Egards dudit Etat, & fera tenu celui ou ceux qui auront été élûs, d'accepter ladite Charge, fur peine de cinquante livres d'amende, apliquables pour la decoration de la Chapelle dudit Métier.

X X I I.

Item, Que lors de la nomination des nouveaux Egards, il y entrera pour ancien Egard, le plus ancien Egard de ceux qui auront été cy-devant Egards; laquelle nomination fe fera tous les ans, le lendemain de faint Marcoul leur Patron, après l'affemblée faite dudit Corps.

X X I I I.

Item, Que toutes les Femmes veuves des Maîtres dudit Etat pourront entretenir & continuer leur Métier pendant leur viduité, comme elles faisoient pendant que leurs Maris vivoient, & au cas qu'elles se marient à d'autres personnes qui ne soient Maîtres dudit Métier & Etat, elles ne pourront tenir ni continuer ledit Métier, ains elles seront privées dudit Etat & Maîtrise.

XXIV.

Item, Que tous Forains qui auront des marchandises dependantes dudit Etat, pour les vendre en cette Ville, seront tenus d'avertir les Egards en charge dudit Corps, auparavant que de les exposer en vente, & dès le même jour que leurs marchandises seront arrivées, pour icelles être vûes & visitées ; comme les Epices entieres & batues, les Drogues & les Compositions simples, Fromages, Beures, Huiles, Tabacs, Pipes, Sucre, Savon, Miel, les Teintures & Peintures, & tous autres marchandises dependantes dudit Métier, sur peine de soixante sols d'amende pour les Egards ; Et les Drogues simples seront vûes & visitées par les Egards desdits Marchands, conjointement avec l'Egard des Apotiquaires.

XXV.

Item, Que les Forains & Horsains payeront aux Egards, pour leurs droits de premiere visite de leurs marchandises, la somme de soixante sols, dont les Egards en charge seront tenus d'enregistrer leurs Noms, & bailler quittance pour cette derniere fois seulement.

XXVI.

Item, Que toutes fois & quantes que lesdits Forains feront entrer des marchandises dependantes dudit Métier, pour les vendre en cette Ville, ils seront toutes les fois tenus de faire visiter leursdites marchandises par les Egards, auparavant que de les exposer en vente, & se trouvant avoir payé le droit de

là premiere vifite, ils payeront feulement pour chacune des autres vifites de toutes leurs marchandifes, vingt fols aux Egards.

XXVII.

Item, Que tous les Maîtres dudit Etat qui feront Factures,
feront tenus de declarer aux Egards à qui les marchandifes qui
leurs auront été envoyées apartiennent, le même jour qu'elles
leur feront arrivées, pour être vifitées, & payeront aux E-
gards, comme cy-deffus, à peine de foixante fols d'amende
pour lefdits Egards en charge.

XXVIII.

Item, Que tous les autres Facteurs qui ne font pas Maîtres
dudit Etat, qui recevront des marchandifes dependantes d'i-
celui, apartenans à des Marchands Forains, feront pareillement tenus d'en faire les declarations aux Egards en charge,
auparavant que d'expofer lefdites marchandifes en vente, pour
être vûes & vifitées, fur peine de foixante fols d'amende pour
les Egards, & payeront pour le droit de vifite foixante fols
pour la premiere fois, & vingt fols pour les autres, comme
dit eft cy-deffus.

XXIX.

Item, Que nul ne fe pourra entremettre de debiter en detail toutes fortes de marchandifes d'Epiceries & Drogueries
fervant au corps humain, ni autres marchandifes dependantes
dudit Etat, s'il n'eft Maître Epicier, mais feront tenus tous les
Marchands, tant de cette Ville que Forains, Facteurs ou Com-
miffionaires, de vendre les Pieces emballées, Caffes, Ton-
neaux, Barils, Panniers, entieres, en facs & fous cordes, fans
les pouvoir debiter en detail, comme dit eft, fuivant l'article
dix-neuf des Brefs & Statuts des Marchands Epiciers de la
Ville de Paris, fur peine de foixante fols d'amende pour les
Egards.

X X X.

Item, Que si les Maîtres dudit Etat veulent avoir quelques marchandises de leur negoces, & même étant en la possession de quelques Facteurs, & comme apartenans à des Marchands Forains, ils seront preferés à tous autres Marchands, pour en fournir la Ville.

X X X I.

Item, Que nuls Marchands Forains ne pourront vendre en cette Ville aucunes marchandises dependantes dudit Métier, après la visite qui aura été faite d'icelles, qu'aux Maîtres dudit Etat de cette Ville, & non à d'autres de ladite Ville, si ce n'est aux Apotiquaires; ni Forains arrivant en icelle, pour acheter marchandises durant & pendant le tems de trois jours francs & consecutifs, lesquels passés, ils seront tenus rembaler leurs marchandises, & icelles faire sortir & remporter hors de la Ville, à peine de soixante sols d'amende pour les Egards.

X X X I I.

Item, Que tous Marchands Horsains ou Forains pourront vendre les marchandises pendant trois jours après qu'elles auront été visitées, sinon ledit tems passé, ils seront tenus les faire sortir hors de la Ville, comme dit est, sur peine de soixante sols d'amende pour les Egards.

X X X I I I.

Item, Que pour empêcher la ruine entiere du Commerce & Negoce des Maîtres dudit Etat, les Forains ne pourront venir vendre en cette Ville les marchandises de Merceries, Epiceries, Drogues, Tabacs, Oranges & Citrons dependans d'icelui, que deux ou trois fois l'année au plus, sur peine de dix livres d'amende pour les Egards dudit Corps.

X X X I V.

Item, Que nul ne pourra entreprendre de vendre en de-

tail & en gros aucuns Beures ni Fromages, fur peine de foixante fols d'amende, fors & excepté les Revendeurs & Revendreffes des Places & Hayons, en nombre de dix expofés
fur le Marché de cette Ville de Saint-Quentin, qui auront la
liberté de vendre leurs Denrées accoûtumées efdites Places
& Hayons feulement, pour la commodité du Public ; & lefquels Revendeurs & Revendreffes ne pourront pas vendre
lefdites marchandifes & denrées dans leurs maifons ou boutiques, attendu qu'ils ne font pas Maîtres dudit Etat & Métier, fur ladite peine de foixante fols d'amende pour les Egards.

X X X V.

Item, Que nul defdits Revendeurs & Revendreffes aufdites
Places, Ruës & Hayons, ne pourra vendre en gros ni detail,
Beures ni Fromages ou autres marchandifes dependantes
dudit Etat, comme les autres Maîtres dudit Métier, ains feulement en detail, pour la commodité du Public, comme dit
eft cydeffus, & à la Place defdits Hayons feulement, fur lefdites peines de foixante fols d'amende pour les Egards.

X X X V I.

Item, Que fi aucun Maître dudit Etat vient à s'adonner lui
ou fa femme à revendre aufdites Places & Hayons, il fera pri-
vé dudit Etat & Maîtrife, & ne pourra vendre dans fa maifon
ou boutique aucune marchandife dependante dudit Métier,
fur peine de foixante fols d'amende pour les Egards.

X X X V I I.

Item, Que nul Revendeur ni autre perfonne ne pourra
mêler dedans les Pains d'Oing aucune mauvaife graiffe, &
lefquels Pains d'Oing ne feront faits que de Pannes; & s'il fe
trouve aucune Fraife ou mauvaife graiffe dans iceux, ils feront
confifqués, & les Defaillans en foixante fols d'amende pour
les Egards.

XXXVIII.

Item, Que nul Revendeur ne pourra vendre aucun Oing en detail, Beures, ni Fromages, ni aucune autre marchandife dependante dudit Métier, fur peine de foixante fols d'amende pour les Egards, excepté les Revendeurs & Revendreffes des dix Hayons du Marché, comme dit eft, lefquels neanmoins ne pourront vendre aucun Oing en detail, ni autres marchandifes dudit Métier, finon Beures & Fromages, comme ils ont accoûtumé, fur les peines fufdites.

XXXIX.

Item, Que les Revendeurs ne pourront acheter aucuns Pains d'Oing, ni Pannes ou Graiffe, pour faire iceux, pour les revendre, ains pourront feulement faire leurs Pains d'Oing des Pannes provenans des Porcs qu'ils auront fait abatre, lefquels ils feront tenus de les vendre en gros, & de les faire vifiter par les Egards dudit Métier, auparavant de les expofer en vente.

XL.

Item, Que nuls Marchands Horfains ou Forains ne pourront porter ou faire porter aucunes marchandifes dependantes dudit Etat & Métier par les ruës de cette Ville, maifons de Convents & autres, qu'elles fuffent cachées, ains feront tenus de les expofer en vifite, pour connoître fi lefdites marchandifes ou Epiceries font bonnes & loyales; & ce fur peine de confifcation defdites marchandifes & de foixante fols d'amende pour la premiere fois, pour les Egards, & de dix livres pour la feconde fois; attendu qu'il s'agit de la vie de l'homme, quand il fe trouve quelque defectuofité dans les Drogues fervant au corps humain, & pour quoy il leur fera indiqué une Chambre & lieu propre pour vendre leurs marchandifes par les Egards dudit Corps.

XLI.

Item, Que nuls Revendeurs, Revendreſſes ou telles autres perſonnes qu'elles puiſſent être, ne pourront étaler pour vendre en gros & en detail aucuns Pruneaux, Raiſins, Figues, ni entreprendre ſur ledit Métier, à peine de ſoixante ſols d'amende pour les Egards.

XLII.

Item, Que nul autre Marchand de cette Ville, de quelque condition qu'il puiſſe être, ne pourra vendre auſſi aucune marchandiſe dudit Etat, ni entreprendre ſur icelui, n'étant pas Maître reçû audit Etat, ſur peine de ſoixante ſols d'amende pour les Egards, pour la premiere fois, de plus grande amende, s'il y recidive, & de confiſcation de leurs marchandiſes.

XLIII.

Item, Que nuls Marchands dudit Etat ne pourront faire ni contracter aſſociation avec aucun, ſil n'eſt Marchand & Maître reçû audit Etat, ni de prêter leurs noms ou marques pour l'effet des marchandiſes dupendantes dudit Etat & Métier; à peine de privation de ladite Maîtriſe, & de ſoixante ſols d'amende; de ſe ſervir de noms & marques étrangeres & foraines, ſi ce n'eſt pour paſſer les detroits & dangers des Ennemis, ils y fuſſent contraints, auquel cas ils ſeront tenus en avertir les Maîtres en charge, auparavant l'arrivée deſdites marchandiſes, à peine d'être icelles declarées foraines.

XLIV.

Item, Que nul dudit Etat ne pourra tenir Hôtellerie, être Courtier ou Commiſſionaire pour aucuns Marchands étrangers ou forains, à peine de privation d'icelui Etat de Maîtriſe, & de ſoixante ſols d'amende pour les Egards.

XLV.

Item, Qu'ils ſeront privez dudit Etat & Maîtriſe, s'ils

viennent à y celui delaiſſer ; comme ils feront, s'ils s'adonnent à autre Vacation incompatible avec ledit Etat.

XLVI.

Item, Que nul dudit Etat & Métier ne pourra tenir deux boutiques ouvertes en cette Ville, ni étaler dans les Ruës & Places ayant une boutique ouverte, ſur peine de ſoixante ſols d'amende pour les Egards.

XLVII.

Item, Que nul Fils de Maîtres dudit Métier ou autres, ne pourront tenir boutique ouverte, ni ſe mêler de vendre & debiter en leurs maiſons ou magaſins aucunes marchandiſes dependantes dudit Etat en gros ni en detail, que préalablement ils n'ayent été reçûs Maîtres audit Etat, à peine de ſoixante ſols pour les Egards.

XLVIII.

Item, Que nul dudit Etat ou autres ne pourront aller au devant des Marchands Forains pour acheter des Huilès de Navete ou autres, qu'ils feront voiturer en cette Ville pour les vendre, ni les Grains ſervant à faire icelles ; ſavoir, Coſſacs, Navete ou Rabate, Camamille, Chenevi, à peine de ſoixante ſols d'amende pour les Egards.

XLIX.

Item, Que tous Forains qui feront entrer leſdits Grains pour les vendre en cette Ville, feront tenus les faire amener au Marché de cette Ville, pour y être vendus, après la viſite faite d'iceux ; & ceux qui feront venir Beure, Miel & Huiles en cettedite Ville, ſera expoſé au Bureau dudit Corps, & non ailleurs, pour y être auſſi vûs & viſités auparavant que de les vendre, ſur ladite peine de ſoixante ſols d'amende pour les Eagrds.

L.

Item, Que tous & un chacun des Maîtres dudit Etat pourront & auront la faculté de vendre toutes fortes de marchandifes dependantes d'icelui, à l'exclufion de tous autres, fans qu'aucun y puiffe deroger, & ainfi qu'il a été de tout tems accoûtumé, excepté toutes fois les Apotiquaires qui pourront vendre conjointement avec lefdits Marchands Epiciers toutes les Drogues fimples.

L I.

Item, Que tous les Maîtres dudit Etat feront tenus de fouffrir la vifite dans leurs boutiques par les Maîtres Egards en charge, par trois diverfes fois pendant leur année d'Egardife, pour connoître de la bonté, defectuofité & qualité des marchandifes de Merceries, Cierges, Chandelles, Epices, Dragée,, Drogues & autres marchangifes dudit Etat, fur peine de faixante fols d'amende pour les Egards; & pour quoy ils feront tenus de fe faire affifter d'un Huiffier ou *Sergent* à Maffe de la Ville, reçû pour cet effet par la Communauté dudit Etat, avec le Serviteur dudit Corps, qui fera revêtu de fa robe, ainfi qu'il a été de tout tems pratiqué, lequel fera auffi tenu de les affifter aufdites vifites.

L I I.

Item, Que tous & chacun des Maîtres feront tenus payer aux Egards pour leur droit de chacune vifite trois fols, fur lefquels deniers ils payeront les droits & gages des Officiers du Corps, comme Procureur, Huiffier & les Serviteurs dudit Corps.

L I I I.

Item, Que tous les Maîtres feront tenus payer à la premiere ouverture de leur Boutique, & pour l'expofition de leur Tapis, la fomme de faixante fols pour les Egards.

L I V.

Item, Que tous Veufs ou Veuves, Enfans ou Heritiers des Maîtres dudit Etat, feront tenus de faire convier & femoncer les Maîtres de l'Enterrement & Service Divin de Maître ou Maîtreffe dudit Etat decedés.

L V.

Item, Que tous les Maîtres Egards en charge feront tenus de faire prier par le Serviteur du Corps, revêtu de fa robe, tous les Maîtres & Maîtreffes dudit Etat, la veille de la Fête, pour affifter aux Vêpres & Service folemnel, la veille & le jour de faint Marcoul Patron dudit Etat & Confrairie, qui échoit le feptiéme jour de Juillet, enfemble le lendemain de la Fête, au Service que l'on chante pour le repos des Ames des defunts Maîtres & Maîtreffes dudit Etat, dans la Chapelle dediée à l'honneur dudit Patron S. Marcoul, étant au derriere le Chœur de l'Eglife Royale de Saint Quentin.

L V I.

Item, Que les Egards fortant de leur charge, feront tenus & obligés de rendre tous les deniers qu'ils auront reçûs pour l'entretien de la Chapelle, de ceux qu'ils auront paffé Maîtres pendant leur année d'Egardife, dont ils feront refponfables pour chacun defdits Maîtres qu'ils auront reçûs, de la fomme de quinze livres tournois, & lefquels deniers ils feront tenus de remettre fans frais entre les mains de celui qui fera nommé par les anciens Maîtres dudit Etat, pour en difpofer pour la decoration de la Chapelle, & pour le bien & utilité dudit Etat, ainfi qu'il fera trouvé bon être, & plus neceffaire par lefdits anciens Maîtres dudit Corps.

L V I I.

Item, Que les Egards en charge feront tenus de faire avertir tous les anciens Maîtres, lorfqu'il s'agira pour le bien &

profit du Corps, de faire ou fouffrir quelques Inftances en
Juftice, & defquelles ils feront obligés d'en faire la pour-
fuite, ainfi qu'il fera arrêté par l'Acte de ladite Affemblée.

LVIII.

Item, Que les Egards ne pourront lever ni cueillir aucuns
deniers fur ledit Corps, pour quelque occafion que ce foit,
que la levée defdits deniers n'ait été arrêté être fait par Acte
d'Affemblée préalablement faite de tous les anciens Maîtres
dudit Etat.

LIX.

Item, Que nul ne pourra être admis audit Corps, qu'il
ne foit de bonne vie & mœurs, & de la Religion Catholique, Apoftolique & Romaine, dont il fera apparoir auparavant fa reception, par Acte fuffifant.

LX.

Item, Ne pourront aucuns Marchands de ladite Ville dudit Etat, faire porter, debiter & vendre par les rües & maifons aucune forte de marchandifes concernant la Profeffion
dudit Etat, fur peine d'amende de dix livres & de confifcation de ladite marchandife.

LXI.

Item, Tous les Artifans & ceux qui par la confufion de la
Guerre fe font ingeré de faire negoce au prejudice des vrais
Marchands, feront obligés d'opter pour être Artifans purement, ou fimples Marchands ; & en cas qu'ils veuillent être
Marchands, ils fe feront infcrire au Regiftre du Corps, auquel ils feront reçûs, en payant les frais d'Entrée de Maîtrife
de la Confrairie ; & ce en dedans trois mois.

Meffieurs les Mayeur & Echevins, Juges Civils, Criminels & Politiques de la Ville, Fauxbourgs & Banlieue

de Saint-Quentin, après avoir vû la Requête, & examiné les Articles cy-deſſus, les ont reçûs, agreés & autoriſés, pour être gardés & obſervés ſelon leur forme & teneur; ſauf qu'en l'Article XXIV. ſera ajoûté, *Que les Drogues & Compoſitions ſimples ſeront vûes par les Egards deſdits Marchands conjointement avec l'Egard des Apotiquaires :* Comme auſſi qu'en l'Article XXXI. où il y a, *Et non à d'autres de ladite Ville,* ſeront ajoûtés immediatement après ces mots, *Si ce n'eſt aux Apotiquaires :* Comme encore qu'en l'Article L. ſera ajoûté, *Excepté toutefois les Apotiquaires qui pourront vendre conjointement avec leſdits Marchands Epiciers, toutes les Drogues & Compoſitions ſimples :* Sauf enfin que toutes Amendes appartiendront moitié à la Ville, moitié aux Egards. Le tout ſous le bon plaiſir de Noſſeigneurs de la Cour de Parlement. FAIT en la Chambre de Conſeil le Vendredi quatriéme Septembre 1682. Signé, J. CARPENTIER.

LOUIS, par la grace de Dieu, ROY DE FRANCE ET DE NAVARRE : A tous preſens & à venir, SALUT. Nos bien amés les Marchands Merciers, Epiciers, Ciriers, Graiſſiers & Droguiſtes de notre Ville de Saint-Quentin, Nous ont fait remontrer que depuis quelques années il s'eſt beaucoup commis d'abus & malverſations dans la vente de leurs Drogues & Marchandiſes par aucuns Particuliers, leſquels ſans aucune capacité, experience, examen, ni reception, s'ingerent de tenir Boutiques ouvertes & vendre tant en gros qu'en detail leurs mêmes Drogues : Et comme tels Gens ne font emplête que de Marchandiſes de rebut & mal conditionnés, ils cauſent un notable prejudice non-ſeulement au Public qui les achete ſous l'apas d'un peu de meilleur marché, mais encore aux Expoſans qui n'ont preſque point de debit

de leurs bonnes & loyales Marchandises : Pour auquel abus
remedier : & aporter quelque ordre dans la reception & examen de ceux qui veulent exercer leur profession & faire leur
même commerce, les Exposans desireroient s'établir en Corps
& Communauté, sous les Statuts, Ordonnances & Reglemens qui leur ont été dressés & composés à l'instar de ceux
de notre Ville d'Amiens Capitale de notre Province de Pi-
cardie : A l'effet de quoy ils auroient presenté Requête aux
Mayeur & Echevins de Saint-Quentin, Juges Civils, Criminels & de Police de ladite Ville, lesquels après avoir vû
& examiné lesdits Statuts & Reglemens, les auroient agreés
& autorisés, pour être gardés & observés selon leur forme &
teneur, sous quelques modification contenue en leur Sentence : Et craignant lesdits Exposans ne les pouvoir executer que
sous notre autorité, ils Nous ont trés-humblement fait suplier
leur octroyer à cette fin nos Lettres : A ces Causes, voulant favorablement traiter les Exposans, & leur faciliter les
moyens pour aporter l'ordre & la police necessaire en leur
Métier & Negoce, avec la liberté de s'y maintenir suivant
leurs Statuts ; de l'avis de notre Conseil & de notre grace spe-
ciale, pleine puissance & autorité Royale, Nous avons permis & permetons ausdits Exposans d'établir Corps & Communauté en Jurande dudit Métier, Trafic & Negoce en notre
Ville de Saint-Quentin, pour être regis & gouvernés suivant
lesdits Statuts, Articles & Reglemens cy-atachés sous le con-
trescel de notre Chancellerie, que nous avons agreés, confirmés & autorisés, agreons, confirmons & autorisons par ces
Presentes signées de notre main, pour être à l'avenir gardés
& observés selon leur forme & teneur, aux modifications portées par ladite Sentente, par les Marchands Merciers, Epiciers presens & à venir, de notredite Ville de Saint-Quentin,

sans quil y soit contrevenu, pourvu qu'il n'y ait rien de contraire à nos Ordonnances. Si DONNONS en mandement à nos amez & feaux Conseillers les Gens tenant notre Cour de Parlement à Paris, Mayeur & Echevins de Saint-Quentin, Juges Civils, Criminels & de Police de ladite Ville, & autres nos Juges & Officiers qu'il apartiendra, que ces Presentes ils fassent regiftrer, & le contenu ausdits Statuts, Ordonnances & Reglemens garder & obferver par tous les Marchands de ladite Communauté & leurs Seceffeurs en icelle, pleinement, paifiblement & perpetuellement, ceffant & faifant ceffer tous troubles & empêchemens au contraire : CAR tel eft notre plaifir; en temoin de quoy Nous avons fait mettre le fcel à ces Prefentes. DONNE' à Verfailles au mois de Novembre, l'an de grace mil fix cens quatre-vingt deux, & de notre Regne le quarantiéme. *Signé*, LOUIS; *Et fur le replis :* Par le Roy, PHELYPEAUX ; Et plus bas, *Vifa*, LE TELLIER : Pour confirmation des Statuts, cotée CLINET. Et fcellées du grand Sceau de cire verte, en lacs de foye rouge & verte.

Regiftrées, ouy le Procureur General du Roy, pour jouir par les Merciers de l'effet & contenu en icelles, & être executées, aux charges portées par l'Arrêt de ce jour. A Paris en Parlement le quatre Juillet mil fix cens quatre-vingt-cinq. Signé, JACQUES:

LOUIS, par la grace de Dieu, ROY DE FRANCE ET DE NAVARRE : Au premier nôtre Huiffier ou Sergent fur ce requis. Savoir; faifons que le jour & date des Prefentes, comparante en notre Cour de Parlement fa Communauté des Maîtres Apotiquaires de la Ville de Saint-Quentin, opofant à l'Enregiftrement des Statuts & Lettres Patentes obtenues pour l'execution d'icelles par les Marchands Merciers, Epi-

ciers, Ciriers, Droguiftes & Graiffiers de ladite Ville, au
mois de Novembre mil fix cens quatre-vingt-deux, &
Defendeurs d'une part : Et lefdits Marchands Merciers, Epiciers, Ciriers, Droguiftes & Graiffiers de ladite Ville, Defendeurs & Demandeurs en Requête du quatorze Août mil
fix cens quatre-vingt-trois : Et entre les Marchands Drapiers
de ladite Ville de Saint-Quentin, auffi opofans à l'Enregistre-
ment defdites Lettres & Statuts, fuivant l'Acte fignifié à leur
Requête, & Defendeurs; & lefdits Marchands Merciers, E-
piciers, Ciriers & Droguiftes de Saint-Quentin, Defendeurs
& Demandeurs aux fins de ladite Requête du quatorze Août
mil fix cens quatre-vingt-trois : Et entre lefdits Marchands de
Draps de laine & foye & Mercerie feiche de ladite Ville de
Saint-Quentin, apellans d'un Jugement des Mayeur & Echevins de ladite Ville de Saint-Quentin du quatre Septembre mil
fix cens quatre-vingt-deux, & de tous autres, fi aucun y avoit,
portant aprobation des Statuts defdits Marchands Epiciers;
& lefdits Marchands Epiciers, Ciriers, Droguiftes & Graiffiers de ladite Ville de Saint-Quentin, Intimés : & entre lefdits Marchands Merciers, Ciriers, Epiciers, Droguiftes &
Graiffiers de ladite Ville de Saint-Quentin, apellans en tant
que befoin feroit, de l'avis en forme de Jugement des Mayeur
& Echevins, Juges Civils, Criminels & Politiques de ladite
Ville, Fauxbourgs & Banlieue dudit Saint-Quentin, du feizié-
me Juillet mil fix cens quatre-vingt-trois : Et lefdits Marchands
de Draps de laine & foye & Mercerie feiche de ladite Ville
de Saint-Quentin, Intimés d'autre. Vû par notredite Cour
nos Lettres Patentes données à Verfailles au mois de Novembre mil fix cens quatre-vingt-deux, de Nous fignées; & fur le
replis, Par Nous PHELYPEAUX, & fcellées du grand Sceau de
cire verte, obtenues par lefdits Marchads Merciers, par lef-

quelles & pour les caufes y contenues, Nous aurions permis
aux Impetrans d'établir Corps & Communauté de Jurande
dudit Métier, Trafic & Negoce de ladite Ville, pour être regis & gouvernés fuivant les Statuts & Reglemens atachés fous
le contre-fcel defdites Lettres, lefquelles Nous aurions agreés,
confirmés & autorifés, pour être à l'avenir gardés & obfervés
felon leur forme & teneur, aux modifications portées par la
Sentence énoncée efdites Lettres par les Marchands Merciers,
Epiciers prefens & à venir de ladite Ville de Saint-Quentin,
fans qu'il y foit contrevenu, pourvû qu'il n'y ait rien de contraire aux Ordonnances, ainfi que plus au long le contiennent
lefdites Lettres à notredite Cour adreffantes ; Arrêt du vingt-
trois Fevrier mil fix cens quatre-vingt-trois, par lequel avant
faire droit, auroit été ordonné que lefdites Lettres feroient
communiqués au Prevôt Royal de Saint-Quentin, au Subftitut de notre Procureur general audit Siege, & aux Maire &
Echevins de ladite Ville, pour donner fur icelles leur Avis
ou y dire autrement ce que bon leur fembleroit, pour ce fait
raporté & communiqué à notredit Procureur general, être
ordonné ce que de raifon : Avis dudit Prevôt Royal & dudit
Subftitut, du neuf Juin mil fix cens quatre-vingt-trois, portant aprobation defdits Statuts, fous la modification neanmoins
que les amendes qui feroient encoures par les Contrevenans
aux Ordonnances, dont la connoiffance apartenoit audit Juge,
feroient apliquées, moitié aux Egards, l'autre moitié ou le tout
aquis par notredite Cour; feroit ordonné Sommation des trois
& neuf Juillet de rendre par lefdits Maire & Echevins aufdits
Merciers les Statuts & Lettres Patentes & Arrêt, & de leur
donner auffi leur Avis conformement & au defir d'icelui : Autre Arrêt du vingt dudit mois de Juillet, portant que dans trois
jours après la fignification lefdits Maire & Echevins feroient

tenus de donner leur Avis fur lefdites Lettres & Statuts, & de
leur rendre icelles & autres Pieces qu'ils leur auroient mifes entre les mains, ou de declarer les caufes de leur refus : Acte des
fept, vingt-trois & vingt-neuf dudit mois de Juillet, contenant
les opofitions formées par lefdits Apoticaires & Drapiers à la
verification & enregiftrement defdites Lettres & Statuts : La
Requête defdits Merciers dudit jour quatorze Août mil fix
cens quatre-vingt-trois, à ce qu'en deboutant lefdits Drapiers
& Apotiquaires de leurs opofitions il fut paffé outre à l'enregiftrement defdites Lettres Patentes, & lefdits Drapiers &
Apotiquaires condamnés aux dommages & interêts defdits
Merciers, & ès dépens : Defenfes defdits Apotiquaires du
deux Septembre mil fix cens quatre-vingt-deux, contenant
Demande incidente à ce que lefdits Marchands Merciers fuffent condamnés aux dommages & interêts, au fujet du trouble
à eux fait, avec dépens : Replique defdits Merciers ; Arrêts
d'Apointe en droit des trois Septembre mil fix cens quatre-
vingt-trois & vingt-fept Mars mil fix cens quatre-vingt-quatre : Deux Requêtes du fix May audit an, l'une defdits Marchands Drapiers, & l'autre defdits Apotiquaires, employée
pour Moyens d'Opofitions & Avertiffement : Productions
des Parties, celle des Merciers contre les Drapiers, par Requête du trois dudit mois de May : Deux Requêtes, l'une
defdits Merciers, & l'autre des Apotiquaires des vingt-neuf
May & dix-fept Juillet, employée pour Contredits ; & Requête de Contredits defdits Drapiers, la Sentence des Mayeur &
Echevins de ladite Ville de Saint-Quentin du 4. Septembre
mil fix cens quatre-vingt-deux, par laquelle lefdits Mayeur &
Echevins auroient agreé & autorifé lefdits Statuts aux modifications y contenues : Requête defdits Drapiers le vingt-deux
Août mil fix cens quatre-vingt-quatre, à ce qu'ils fuffent reçûs

Apellans dudit Jugement & de tous autres, si aucun y avoit ; portant aprobation desdits Statuts ; faisant droit sur ledit Apel en emendant, ayant égard aux Opositions desdits Drapiers, ils fussent maintenus & gardés dans la possession & jouissance dans laquelle ils étoient de tout tems de vendre & debiter la Mercerie seiche : Defenses ausdits Epiciers de les y troubler, & pour l'avoir fait, qu'ils fussent condamnés en leurs dommages & interêts & en tous les dépens, & qu'Acte fut donné ausdits Apellans de l'Employ pour causes d'Apel & Production : & seroient tenus lesdits Intimés de fournir de Reponses & produire dans le tems de l'Ordonnance : Requête desdits Marchands Merciers du vingt-six dudit mois d'Août mil six cens quatrevingt-quatre, employée pour Reponses à cause d'Apel & Production ; & Requête d'Employ pour Contredit desdits Drapiers, Production nouvelle desdits Merciers Epiciers par Requête du 18. Decembre dernier, ladite Requête servant aussi de Contredit contre la Production desdits Drapiers : Requête desdits Drapiers du dix-neuf Janvier dernier employée pour Contredit contre ladite Production nouvelle : L'Avis intitulé des Juges Civils, Criminels & de Police de ladite Ville de Saint-Quentin du seize Juillet mil six cens quatre-vingt-trois : Requête desdits Merciers Epiciers du cinq dudit mois de Janvier, à ce qu'Acte leur fût donné de ce qu'ils joignoient à ladite Requête l'Avis donné par trois du Corps de Ville de Saint-Quentin, quoiqu'ils fussent sept, outre leur Lieutenant, le Procureur Fiscal & Greffier, ledit jour seize Juillet mil six cens quatre-vingt-trois, sans aprobation d'icelui ; & attendu que ledit Avis étoit intitulé des Juges Civils, Criminels & de Police, quoiqu'il ne soit signé du Lieutenant en ladite Justice, qui est le seul Officier, ni du Procureur Fiscal ni du Greffier, lesdits Merciers Epiciers fussent reçûs en tant que

befoin feroit, Apellans dudit Avis en forme de Jugement, &
qu'Acte leur fût donné de l'Employ pour Moyens d'Apel &
Production, & y faifant droit en emendant, fans s'arrêter au pré-
tendu Jugement qui feroit declaré nul, lefdits Drapiers fuffent
deboutés de leur Opofition à l'Enregiftrement defdites Lettres de Confirmation des Statuts defdits Merciers Epiciers ,
qui feroient regiftrés purement & fimplement, avec defenfes
aufdits Drapiers d'entreprendre fur les fonctions defdits Merciers Epiciers , fuivant les Satuts defdits Drapiers fait contra-
dictoirement avec lefdits Merciers , par Sentence defdits Juges de Police de Saint-Quentin le feize Avril mil fix cens foixante , & lefdits Drapiers condamnés ès dépens, fur laquelle
Requête auroit été mis , ait Acte, fourniroient lefdits Drapiers
de Reponfes à caufe d'Apel, écriroient & produiroient dans
huy : Requête defdits Drapiers du vingt dudit mois de Janvier, employée pour Reponfes à caufe d'Apel : Production
defdits Marchands Drapiers : Requête defdits Merciers du
vingt-quatre dudit mois, employée pour Contredit : Conclu-
fion de notre Procureur general : Tout joint & confideré,
Notre Cour faifant droit fur le tout, ayant aucunement égard
aux Opofitions des Apotiquaires & Drapiers de la Ville de
Saint-Quentin, Ordonne que lefdites Lettres feront regiftrées
au Greffe de notredite Cour, pour joüir par les Merciers de
l'effet & contenu en icelles, & être executées felon leur forme & teneur , à la charge neanmoins que lefdits Merciers ne
pourront avoir en leurs Boutiques, expofer ni vendre aucunes
Drogues fimples & compofées, Unguens, Huiles & autres
Denrées concernant la Pharmacie : Qu'ils feront tenus de fouffrir les vifites des Jurez defdits Apotiquaires, que pour cet effet
fe feront affifter d'un Officier de Juftice : Qu'il fera loifible à
toutes perfonnes de faire ou faire faire des Chandelles de fuif

pour servir à leur usage : Qu'il ne se fera aucun banquet ou beuvete de par l'Aspirant, sur peine de vingt sols d'amende contre celui qui le fera, & à chacun de ceux qui y auront assisté : Que le Beure & Fromage seront vendus comme par le passé par toutes sortes de personnes : Qu'il ne sera payé par les Forains que vingt sols pour le droit de Visite : Que les Citrons & Oranges se pourront vendre par les Marchands Forains en tout tems : Que la vente des Pruneaux, Raisins & Figues en gros & en detail sera libre à un chacun : Que les Marchands Drapiers & de soye pourront vendre toutes sortes de marchandises dependant de la Mercerie, concurrement avec lesdits Merciers : Que lesdits Merciers & Drapiers auront visites les uns sur les autres, en se faisant assister d'un Officier de Justice : Et que les Amendes qui seront encourues pour contravention aux Statuts desdits Merciers, seront apliquables moitié à leurs Egards, & l'autre moitié aux pauvres : Et en consequence sur les apellations tant desdits Drapiers que desdits Merciers, a mis & met les Parties hors de Cours & de Procès : Condamne lesdits Apellans en chacun une amende de douze livres, & lesdits Merciers ès dépens. Et pour l'execution du present Arrêt & contestations qui interviendront pour raison de ce, a renvoyé lesdites Parties pardevant notre Prevôt Juge de Police de Saint-Quentin : Si te mandons à la Requête desdits metre le present Arrêt à due & entiere execution selon sa forme & teneur; de ce faire te donnons pouvoir. DONNE' à Paris en notre Cour de Parlement le quatriéme Juillet, l'an de grace mil six cens quatre-vingt-cinq, & de notre Regne le quarante-trois. *Signé*, Par la Chambre, JACQUES. Collationné. *Signé*, ROUGER, avec paraphe.

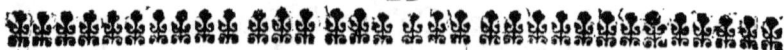

A MONSIEUR LE PREVÔT ROYAL
à Saint-Quentin.

SUplient & Vous remontrent humblement les Marchands Merciers, Epiciers, Ciriers, Graiffiers & Droguiftes de cette Ville de Saint-Quentin, difant qu'ils auroient obtenu Lettres Patentes de Sa Majefté en date du mois de Novembre 1682. fignées fur le replis, Par le Roy, PHELYPEAUX, & à côté, *Vifa*, LE TELLIER ; & fcellées de cire verte en lacq de foye rouge & verte : Par lefquelles il leur a été permis d'établir Corps & Communauté en Jurande dudit Métier, Trafic & Negoce en cettedite Ville, ainfi que plus au long le contiennent lefdites Lettres, pour être regis & gouvernés fuivant lefdits Statuts, Ordonnances & Reglemens, qu'ils ont dreffés & fait dreffer en date du 4. Septembre audit an, atachés aufdites Lettres, lefquelles lefdits Suplians voulant faire enregiftrer, il y auroit eu opofition tant de la part des Maîtres Apotiquaires de cette Ville, que des Marchands Drapiers dudit lieu : Sur lefquelles feroit intervenu Arrêt de Noffeigneurs de la Cour de Parlement à Paris, en date du 4. Juillet 1685. lequel ordonne entr'autres chofes que lefdites Lettres Patentes feroient enregiftrées en la Cour, pour joüir par lefdits Suplians du contenu en icelles, aux refervations contenues audit Arrêt, contre lefquelles refervations, comme étant très-préjudiciables aufdits Suplians, ils proteftent de fe pourvoir par les voies de droit, n'entendant pas aprouver ledit Arrêt en certains Points, dont ils s'expliqueront en tems & lieux, fous lefquelles proteftations ils font confeillés d'avoir recours à Vous, Juge fubdelegué par ledit Arrêt, pour faire enregiftrer lefdites Letres Patentes, leurs Statuts & Ordonnances

atachées, enſemble ledit Arrêt, à cauſe ſeulement qu'il en ordonne l'enregiſtrement & l'execution, & Vous a commis à
cet effet, ayant même leſdites Lettres Patentes été enregiſtrées
en ladite Cour le jour quatre Juillet dernier, ainſi qu'il paroit
ſur le replis d'icelles : *Signé*, JACQUES.

CE Conſideré, MONSIEUR, leſdits Suplians requierent
qu'il Vous plaiſe ordonner que leſdites Lettres Patentes, Statuts & Ordonnances & ledit Arrêt ſeront enregiſtrés en votre
Greffe, pour y avoir recours & joüir par leſdits Suplians du
contenu en icelles, ſauf à eux neanmoins à ſe pourvoir, ainſi
qu'ils ont proteſté & proteſtent faire contre ledit Arrêt en ce
qui leur porte prejudice, & dont ils s'expliqueront où beſoin
ſera, en tems & lieu : & ferez Juſtice ; eliſant leſdits Suplians
domicile en la maiſon de Maitre Jean Demaubreul Procureur
audit Saint-Quentin, qui occupera pour eux, ſi beſoin eſt.
Et plus bas eſt ecrit : Soit montré au Procureur du Roy, pour
lui oüi ordonner ce que de raiſon. *Signé*, HOURLIER.

LE Subſtitut de Monſieur le Procureur du Roy qui a eu
pour l'abſence dudit Sieur Procureur du Roy, communica-
tion de la Requête cy-deſſus, ſuivant l'Ordonnance au bas
de la Requête préſentée au Mayeur & Echevins de cette Ville,
avec les Statuts y joints, pour être gardés, obſervés & executés pour l'avenir, à l'inſtar de la Ville d'Amiens Capitale de
notre Province, pour les Marchands Merciers, Epiciers, Ciriers, Graiſſiers & Droguiſtes de cette Ville de Saint-Quentin ; le Jugement rendu au bas par leſdits Mayeur & Echevins le quatriéme Septembre mil ſix cens quatre-vingt-deux,
par lequel ils ont reçû, agreé & autoriſé leſdits Statuts, pour
être gardés & obſervés ſelon leur forme & teneur, aux charges & reſtrictions y contenues ; les Lettres Patentes de Sa

Majesté obtenues par les Suplians , données à Versailles au mois de Novembre de la même année , par lesquelles Sa Majesté voulant favorablement traiter les Suplians & leur faciliter les moyens pour aporter l'ordre & la police necessaire en leur Métier & Negoce, avec la liberté de s'y maintenir suivant leurs Statuts , leur auroit permis d'établir Corps & Communauté en Jurande dudit Métier, Trafic & Negoce en ladite Ville de Saint-Quentin, pour être regis & gouvernés suivant les Statuts & Reglemens atachés ausdites Lettres Patentes signées sur le replis, Par le Roy , PHELYPEAUX ; & à côté, *Visa*, LE TELLIER, & scellées de cire verte en lacq de soye rouge & verte; que sadite Majesté auroit agreée, confirmée & autorisée par lesdites Lettres Patentes adressées à Nosseigneurs de la Cour de Parlement à Paris , Maire & Echevins de Saint-Quentin & tous autres Juges les faire regiftrer, & le contenu ausdits Statuts, Ordonnances & Reglemens garder & observer par tous les Marchands de ladite Communauté, regiftrés en Parlement le quatre Juillet mil six cens quatre-vingt-cinq , ensemble l'Arrêt de la Cour dudit jour quatre Juillet, rendu sur l'opofition formée par la Communauté des Maîtres Apotiquaires & les Marchands Drapiers de ladite Ville de Saint-Quentin à l'enregiftrement des Statuts & Lettres Patentes obtenues pour l'execution d'icelles par lesdirs Marchands Merciers, Epiciers, Ciriers, Graiffiers & Droguiftes de ladite Ville de Saint-Quentin dudit mois de Novembre mil six cens quatre-vingt-deux , en date dudit jour quatre Juillet mil six cens quatre-vingt-cinq, signé par Collation, ROUGER, & signé par la Chambre, JACQUES. Par lequel Arrêt toutes les Parties sont reglées & jugées sur tous les differends & conteftations : Et pour l'execution d'icelui & les debats qui en pourroient arriver ensuite entre les Parties , renvoyés pardevant Vous, Monsieur le Prevôt Royal, Juge de Police dudit Saint-Quentin, pour être reglés.

Declare qu'il n'a pas moyen d'empêcher, ains consent pour le Roy lesdits Statuts, Ordonnances, Lettres Patentes & Arrêt susdatés, être incessamment regiſtrés en votre Greffe, pour y avoir recours & joüir par les Suplians du contenu en iceux, ſauf à eux neanmoins à ſe pourvoir, ainſi qu'ils ont proteſté & proteſtent de faire contre ledit Arrêt en ce qu'il leur porte prejudice, & dont ils auront à s'en expliquer où beſoin ſera, en tems & lieux. Que la preſente Requête avec les preſentes Concluſions & Jugement qui interviendra, demeureront au Greffe, pour en être delivré Copie par le Greffier aux Suplians. FAIT & conclud audit Saint-Quentin ledit jour onziéme Août mil ſix cens quatre-vingt-cinq, *Signé*, DE CHALVOIX Subſtitut.

Vû les Conclusions du Procureur du Roy, nous ordonnons que les Statuts, Lettres Patentes de Sa Majeſté & Arrêt y énoncés, ſeront enregiſtrés en notre Greffe, pour être executés ſelon leur forme & teneur & y avoir recours où beſoin ſeroit, cependant que ladite Requête y reſtera & que d'icelle en ſera delivré Copie par notre Greffier auſdits Suplians. Fait à Saint-Quentin les jour & an ſuſdits. *Signé*, HOURLIER.

Ce jourd'hui ſeize Août mil ſix cens quatre-vingt-cinq, les Statuts, Lettres Patentes de Sa Majeſté, & Arrêt du Parlement intervenu ſur icelles cy-attachées, ont été en declaration du Jugement rendu par Monſieur le Prevôt Royal à Saint-Quentin, ſur les Concluſions du Subſtitut du Procureur du Roy en ce Siege, pour ſon abſence, le onziéme du preſent mois, ont été enregiſtrées au Regiſtre du Roy de la Ville, Banlieue & Prevôté Royale dudit Saint-Quentin, pour y avoir recours : Ce fait, le tout rendu aux Marchands Merciers, Epiciers & Droguistes y denommés, pour servir & valoir en tems & lieu ce que de raison, dont Acte. FAIT lesdit jour & an, Signé, DEMAUBREUL.

A Monsieur le Prevôt Royal à Saint-Quentin.

SUplient & Vous remontrent humblement les Marchands Merciers, Epiciers, Ciriers, Graissiers & Droguistes de la Ville de Saint-Quentin, disant qu'au mois de Novembre mil six cens quatre-vingt-deux ils auroient obtenu Lettres Patentes de Sa Majesté pour eriger la Maitrise dans leur Vacation, suivant les Statuts & Ordonnances qu'ils avoient dressés, qui ont été ensuite homologués & registrés en la Cour de Parlement le quatre Juillet dernier, suivant l'Arrêt du même jour, & depuis en ce Siege le onziéme jour d'Août ensuivant ; au moyen de quoy personne ne peut & ne doit ignorer desdits Statuts & Ordonnances, néanmoins plusieurs y contreviennent : Pourquoy & avant d'aller plus avant, ils sont conseillés d'avoir recours à Vous, pour faire encore une formalité qu'ils ont jugé necessaire.

Ce Consideré, MONSIEUR, ils requierent qu'il Vous plaise, pour rendre leurs droits d'autant plus publics, leur permettre de faire afficher leursdits Statuts & Ordonnances, soit entiérement ou par Extrait, aux Portes de la Ville, à l'Auditoire Royal dudit lieu, à la Halle aux poids de ladite Ville, & autres lieux qu'ils jugeront necessaires, afin que nul n'en puisse ignorer dorenavant : Et ferez justice, elisant domicile en la maison de Maître Jean Demaubreul leur Procureur audit Saint-Quentin. Signé, J. DEMAUBREUL, avec paraphe : Et plus bas,

Vû la Requête des Suplians, Nous ordonnons, ce requerant le Procureur du Roy, que les Status desdits Marchands seront affichés, ou par Extrait, aux Portes de cette Ville, même aux coins des Places publiques, & autres endroits neceſſaires, afin que nul n'en pretende cauſe d'ignorance. FAIT à S. Quentin le 22. Septembre mil ſix cens quatre-vingt-cinq. *Signé*, HOUR-MIER, & DE-CHALVOIX Subſtitut du Rrocureur du Roy.

DE PAR LE ROY

Et Monſieur le Prevôt Royal de Saint-Quentin.

EXtrait des Statuts & Reglemens de Maîtriſe des Marchands Merciers, Epiciers, Ciriers, Graiſſiers & Droguiſtes de la Ville de Saint-Quentin, octroyés par Lettres Patentes de Sa Majeſté du mois de Novembre mil ſix cens quatre-vingt-deux, ſignées ſur le replis, Par le Roy, PHELY-PEAUX; & à côté, *Viſa*, LE TELLIER ; & ſcellées de cire verte en lacq de ſoye rouge & verte, & homologuées & enregiſtrées au Parlement de Paris le quatre Juillet mil ſix cens quatre-vingt-cinq, ſuivant l'Arrêt dudit jour, & au Siege de la Prevôté Royale de Saint-Quentin le onze Août audit an mil ſix cens quatre-vingt-cinq; Ce conſentant Monſieur le Procureur du Roy.

ARTICLE XXIV.

Que tous Forains qui auront des marchandiſes dependantes dudit Etat, pour les vendre en cette Ville, ſeront tenus d'avertir les Egards en charge dudit Corps, auparavant que de les expoſer en vente, & dès le même jour que leurs marchandiſes ſeront arrivées, pour icelles être vûes & viſitées; comme les Epices entieres & batues, les Drogues & les Compoſitions fimples , Fromages, Beures , Tabacs , Pipes , Sucre, Savon, Miel , les Teintures & Peintures & toutes autres marchandifes dependantes dudit Métier , fur peine de foixante fols d'amende pour les Egards ; & les Drogues fimples feront vûës & vifitées par les Egards defdits Marchands , conjointement avec l'Egard des Apotiquaires.

XXV.

Item, Que tous Forains & Horfains payeront aux Egards, pour leurs droits de premiere vifite de leur marchandifes, la fomme de foixante fols, dont les Egards en charge feront tenus d'enregiftrer leurs Noms, & bailler quitance pour cette derniere fois feulement.

XXVI.

Item, Que toutes fois & quantes que lefdits Forains feront entrer des marchandifes dependantes dudit Métier, pour les vendre en cette Ville , ils feront toutes les fois tenus de faire vifiter leurfdites marchandifes par les Egards, auparavant que de les expofer en vente , & fe trouvant avoir payé le droit de la premiere vifite , ils payeront feulement pour chacune des autres vifites de toutes leurs marchandifes vingt fols aux Egards.

XXVII.

Item, Que tous les Maîtres dudit Etat qui feront Factures, feront tenus de declarer aux Egards à qui les marchandifes qui leur auront été envoyées apartiennent , le même jour qu'elles leur feront arrivées , pour être vifitées , & payeront aux Egards comme cy-deffus, à peine de foixante fols d'amende pour lefdits Egards en charge.

XXVIII.

Item , Que tous les autres Facteurs qui ne font pas Maîtres dudit Etat, qui recevront des marchandifes dependantes d'icelui , apartenant à des Marchands Forains , feront pareillement

tenus d'en faire les declarations aux Egards en charge, auparavant que d'expofer leurfdites marchandifes en vente. pour
être vûes & vifitées, fur peine de foixante fols d'amende pour
les Egards, & payeront pour le droit de vifite foixante fols
pour la premiere fois, & vingt fols pour les autres, comme dit
eft cy-deffus.

XXIX.

Item, Que nul ne fe pourra entremettre de debiter en detail
toutes fortes de marchandifes d'Epiceries & Drogueries fervant au corps humains, ni autres marchandifes dependantes
dudit Etat, s'il n'eft Maître Epicier, mais feront tenus tous les
Marchands, tant de cette Ville que Forains, Facteurs ou Com-
miffionaires, de vendre les Pieces embalées, Caffes, Ton-
neaux, Barils, Panniers, entieres, en facs & fous cordes, fans
les pouvoir debiter en detail, comme dit eft, fuivant l'Article
dix-neuf des Brefs & Statuts des Marchands Epiciers de la
Ville de Paris, fur peine de foixante fols d'amende pour les
Egards.

XXX.

Item, Que fi les Maîtres dudit Etat veulent avoir quelques
marchandifes de leur Negoce, & même étant en la poffeffion
de quelques Facteurs, & comme apartenant à des Marchands
Forains, ils feront preferés à tous autres Marchands, pour en
fournir la Ville.

XXXI.

Item, Que nul Marchands Forains ne pourront vendre en
cette Ville aucunes marchandifes dependantes dudit Métier,
après la vifite qui aura été faite d'icelles, qu'aux Maîtres dudit
Etat de cette Ville, & non à d'autres de ladite Ville, fi ce
n'eft aux Apotiquaires; ni Forains arrivant en icelle, pour acheter marchandifes, durant & pendant le tems de trois jours

francs & confecutifs, lefquels paffés, ils feront ténus remballer leurs marchandifes, & icelles faire fortir & remporter hors de la Ville, à peine de foixante fols d'amende pour les Egards.

XXXII.

Item, Que tous Marchands Horfains ou Forains pourront vendre les marchandifes pendant trois jours après qu'elles auront été vifitées, finon ledit tems paffé, ils feront tenus les faire fortir hors de la Ville, comme dit eft, fur peine de foixante fols d'amende pour les Egards.

XXXIII.

Item, Que pour empêcher la ruine entiere du Commerce & negoce des Maîtres dudit Etat, les Forains ne pourront venir vendre en cette Ville les Marchandifes de Merceries, Epiceries, drogues, Tabacs, Oranges & Citrons dependant d'icelui, que deux ou trois fois l'année au plus, fur peine de dix livres d'amende pour les Egards dudit Corps.

LX.

Item, Que nuls Marchands Horfains ou Forains ne pourront porter ou faire porter aucunes Marchandifes dependantes dudit Etat & Métier par les ruës de cette Ville, maifons de Convents & autres, qu'elles fuffent cachées, ains feront tenus de les expofer en vifite, pour connoitre fi lefdites Marchandifes ou Epiceries font bonnes & loyales; & ce fur peine de confifcation defdites Marchandifes & de foixante fols d'amende pour la premiere fois pour les Egards, & de fix livres pour la feconde fois; atendu qu'il s'agit de la vie de l'homme, quand il fe trouve quelque defectuofité dans les Drogues fervant au corps humain, & pourquoi il leur fera indiqué une Chambre & lieu propre pour vendre leurs Marchandifes par les Egards dudit Corps.

XLII.

Item, Que nul autre Marchand de cette Ville, de quelque condition qu'il puisse être, ne poura vendre aussi aucune Marchandise dependante dudit Etat, ni entreprendre sur icelui, n'étant pas Maître reçû audit Etat, sur peine de soixante sols d'amende pour les Egards, pour la premiere fois, & de plus grande amende s'il y recidive, & de confiscation de leurs Marchandises.

XLVIII.

Item, Que nul dudit Etat ou autre ne pouront aller au devant des Marchands Forains pour acheter les Huyles de Navete & autres, qu'ils feront voiturer en cette Ville pour les vendre, ni les Grains servant à faire icelles, savoir Cossacs, Navete ou Rabate, Camamille, Chenevy, à peine de soixante sols d'amende pour les Egards.

XLIX.

Item, Que tous Forains qui feront entrer lesdits Grains pour les vendre en cette Ville, seront tenus les faire amener au Marché de cette Ville, pour y être vendus, après la visite faite d'iceux; & ceux qui feront venir Beure, Miel, & Huyles en cettedite Ville, seront exposés au Bureau dudit Corps, & non ailleurs, pour y être aussi vûs & visités auparavant que de les vendre, sur ladite peine de soixante sols d'amende pour les Egards.

LXI.

Item, Tous les Artisans & ceux qui par la confusion de la Gerre se sont ingeré de faire negoce, au prejudice des vrais Marchands, seront obligés d'opter pour être Artisans purement, ou simples Marchands; & en cas qu'ils veulent être Marchands, ils se feront inscrire au Registre du Corps, auquel ils seront reçûs, en payant les frais d'Entrée de Maitrise de la Confrairie; & ce en dedans trois mois.

Les Articles cy-deſſus tirés & extraits des Status & Ordonnances des Marchands Merciers, Epiciers, Ciriers & Droguiſtes de la Ville de Saint-Quentin, ont été mis, poſés & affichés à leur Requête, qui ont élû leur domicile en la maiſon
de Maître Jean Demaubreul, Procureur au Siege Royal dud.
Saint-Quentin, demeurant ruë aux Charbons, Paroiſſe ſaint
Martin, par moi François, premier Huiſſier Audiencier au
Bailliage de S. Quentin, y immatriculé, reſident audit lieu,
ſouſſigné.

Ce jourd'hui vingt-ſeptiéme jour de Septembre mil ſix cens
quatre-vingt-cinq; & ce en vertu de l'Ordonnance de Monſieur le Prevôt Royal de Saint-Quentin du vingt-deux de ce
préſent mois, renduë ſur les Concluſions de Monſieur le Procureur du Roy, étant au bas de la Requête à lui preſentée,
ſçavoir une Copie à la Porte de l'Auditoire Royal de Saint-
Quentin, & aux trois Portes de la Ville, ſavoir la Porte S. Jean,
la Porte d'Iſle & la Porte ſaint Martin, chacune une Copie;
une Copie à la Porte & principale entrée de la Halle aux
Poids de ladite Ville, que j'ai notifiée à Henry Gallois Fer-
mier de ladite Halle, parlant à ſa perſonne, & aux Carrefours
de ladite Ville, à ce que perſonne n'en ignore, & que cela
ſoit notoire & public, & que perſonne n'ait à y contrevenir.

Signé, F. FRANÇOIS.